AF348170

RÉVOLUTION D'ITALIE.

Récit des événements.

Schiavi siam! si ma schiavi ognor trementi.
ALFIERI.

———

Prix : 25 centimes.

———

PARIS,

BARBA,   **GARNOT,**
1 BIS, RUE DE LA PAIX.   7, RUE PAVÉE SAINT-ANDRE.

—

1848.

SAINT-CLOUD. — IMPRIMERIE DE BELIN-MANDAR.

LA RÉVOLUTION D'ITALIE.

Ce qui distingue le plus essentiellement les révolutions de 1848 de toutes celles qui les ont précédées, c'est l'esprit religieux qui n'a cessé de présider à leur accomplissement. Point d'insulte à aucun culte; partout un profond respect pour les ministres de la religion. Ainsi les peuples, agissant sous l'influence évangélique des paroles émanées du saint-siége, ont détrôné la philosophie moderne, et le monde aura à juger quelle différence existe entre les révolutions impies et les révolutions réellement providentielles. Partout est visible l'action du doigt de Dieu dans l'accomplissement du grand œuvre de la régénération de l'Italie, de son indépendance, de son unité confédérée, de sa liberté reconquise ; car la liberté est la fille bien-aimée du ciel, tandis que le despotisme et la tyrannie sont des monstres d'origine purement humaine.

Où est cependant le siége de la révolution en Italie ? Il serait impossible de le dire, par la raison que la révolution y est partout ; c'est une vaste terre dont le sol est entièrement volcanisé ; où, après avoir longtemps mugi sourdement, la lave s'est fait jour par une infinité de fissures et s'est ouvert deux grands cratères, l'un à Milan et l'autre dans le royaume des Deux-Siciles.

L'Italie, si favorisée du ciel sous le rapport du climat, si féconde en hommes doués d'un génie supérieur, semblait destinée depuis bien des siècles à jouer constamment le rôle de victime dans le collége des États européens, et si, comme l'a dit Alfieri, elle frémissait dans son esclavage, elle n'en était pas moins esclave. Toujours, après les grandes guerres du continent, on voyait ses plus riches provinces devenir la proie du vainqueur et servir d'appoint dans ces marchés que l'on appelle des traités. Aussi l'un des hommes les plus patriotes de l'Italie moderne, Ugo Foscolo, n'a-t-il pas hésité à appeler sa belle patrie l'éternel domaine de la victoire, comme si la Providence eût voulu faire expier à l'Italie la longue domination que Rome avait fait peser sur le reste du monde.

Depuis un demi-siècle, en effet, depuis la première irruption des idées et des armées de la révolution française en Italie, alternativement française et autrichienne, l'Italie ne fut pas un seul instant italienne. Or, comme le joug le plus pesant est toujours celui qu'on porte, il ne faut pas s'étonner si, réduite à borner ses vœux à changer de maître, elle se montrait autrichienne sous la domination française et redevenait française sous la domination autrichienne. Aujourd'hui l'Italie se réveille, elle aspire à recouvrer son indépendance, et déjà ses populations, redevenues patriotes, ont retrouvé leur vieille énergie aux cris d'affranchissement et de liberté.

Si, cependant, l'esprit d'observation plane au-dessus de la péninsule italique et l'embrasse dans toute son étendue, il reste effrayé à l'aspect de complications et de difficultés dont il n'y eut peut-être jamais d'exemple. De tous les Etats dont se compose l'Italie on pourrait dire avec justesse ce que disait Rousseau de l'homme et de la femme : « Partout entre eux je vois des rapports et partout des différences. » Il existe en effet de nombreux rapports entre les divers Etats italiens, rapports de climat, de mœurs, d'amour pour les arts et pour la vie voluptueuse, mais ces rapports eux-mêmes sont plus ou moins caractérisés ; quant aux différences, elles résultent plus des gouvernements que de la nature instinctive des populations ; jamais le gouvernement de la Toscane n'a été accusé de tyrannie ; depuis longues années la peine de mort n'y existait plus, aussi le peuple toscan était-il cité pour le plus probe, le plus doux et le plus humain entre tous les peuples : les principicules de Lucques et de Modène, au contraire, jouaient au despotisme, sous la protection des baïonnettes autrichiennes. Il n'est pas jusqu'aux princes de Monaco qui n'aient rêvé l'absolutisme, comme si l'odeur en était resté imprégnée dans leur ancienne livrée de chambellans de Napoléon.

Puisque le nom de Napoléon est venu se placer ici, il ne sera pas sans intérêt de citer ici un fait dont nous sommes parfaitement sûrs. Napoléon connaissait bien l'Italie, premier théâtre de sa gloire et où il avait appris l'art de gouverner. Il avait vu la facilité des populations italiennes, malgré l'inimitié qui régnait encore entre elles, à se façonner à toutes les formes de gouvernement ; c'était sans efforts visibles que Gênes, Milan, Turin, Parme, Plaisance, Venise, Florence, Rome et Naples, après avoir été transformées en républiques, sous l'influence de la république française, quand elles n'ont pas fait partie intégrante de la grande république, étaient devenues annexes et départements de l'empire, soit directement, soit sous la forme de vice-royautés ou de gouvernements généraux. La pensée intime de l'empereur était d'asservir toutes les subdivisions de l'Italie afin de les lier entre elles et de les habituer à vivre sous l'empire des mêmes lois, dans le but, lorsque vingt ans de consanguinité politique et morale auraient consolidé cette communauté d'intérêts et de soumission, de proclamer l'unité et l'indépendance de l'Italie, formant un seul Etat dont Rome aurait été la capitale.

Le temps et la fortune manquèrent à l'accomplissement de ce vaste dessein, mais ne dirait-on pas que l'esprit en a survécu à son auteur et qu'il inspire aujourd'hui tous les cœurs italiens !

Nous avons dit que les idées révolutionnaires étaient partout répandues en Italie. Il n'y a rien d'exagéré dans cette assertion ; il convient cependant de faire observer qu'elles n'affectent pas les mêmes allures dans les lieux où le pouvoir les accueille, les favorise, les met en œuvre avec une sage prudence et dans ceux où une résistance aveugle contraint les peuples à arborer l'étendard de la révolte, à déployer un héroïsme dont la générosité fait battre tous les cœurs généreux et dans ceux où le pouvoir semble prendre à tâche de souffler sur le feu des passions au lieu de l'éteindre. Nul esprit réfléchi ne pèsera dans la même balance les temporisations peut-être un peu prolongées du grand-duc de Toscane et du roi Charles-Albert avant d'accorder à leurs peuples les constitutions que ceux-ci réclamaient et la ténacité hypocrite d'un roi de Naples faisant bombarder ses villes de Sicile et ne cédant que pied à pied un terrain qu'il doit nécessairement perdre aux acclamations de l'humanité tout entière. Il en est de même de la domination obstinée, aveugle, féroce que d'illégitimes possesseurs ont exercée si longtemps et avec tant d'impunité dans la capitale de la Lombardie. Les vexations, les tortures, qu'endurèrent les Milanais avec une incroyable longanimité, ont rappelé le temps où, représentée par Gesler comme elle l'était tout à l'heure par Radetzki, la barbarie autrichienne arma la main de Guillaume Tell et provoqua la Suisse à reconquérir son indépendance.

Rien n'est tout à fait pareil dans l'histoire, mais on y découvre une foule d'analogies modifiées selon l'esprit des temps, mais il est hors de doute que la Lombardie ne retombera pas sous le joug autrichien, soit qu'elle se constitue en république comme le fit la Suisse, il y a cinq siècles, soit qu'elle se fonde dans les Etats du roi de Sardaigne reconstituant le royaume d'Italie.

Quoi qu'il en soit de ces éventualités, toujours est-il certain que si la dernière révolution de Paris n'a pas fait les révolutions qui viennent de remuer si profondément et qui agitent encore toute l'Italie, elle a par son exemple communiqué aux conquérants de la liberté au delà des Alpes une partie de sa puissante énergie, qu'elle a hâté le moment du triomphe et décidé des volontés encore indécises à donner aux peuples des lois libérales et constitutionnelles, en rapport avec les progrès de l'esprit humain dans les pays civilisés. Céder à propos est aujourd'hui le seul principe conservateur des pouvoirs encore debout, ce qui ne veut pas dire qu'il faille se soumettre aux moindres caprices populaires, mais il est aisé de discerner ce qui est le besoin de tous de ce qui ne vient que du caprice des factions; or, ce qui constitue le besoin de tous dans l'ère nouvelle où veut entrer l'Europe et particulièrement l'Italie, c'est, pour l'homme, la liberté individuelle tant dans son action légale que dans le développement de ses facultés morales et intellectuelles; c'est, pour les hommes en masse, leur immixtion dans les affaires du pays, conformément aux saintes lois de l'égalité et de la fraternité; c'est, pour chaque nation, un système qui la garantisse contre des insultes ou des empiètements étrangers.

Le règne de la force brutale est passé pour les gouvernements, comme il y a quatre siècles la force physique, par l'invention des armes à feu, cessa d'être la première qualité d'un guerrier. Aujourd'hui, la persuasion et l'exemple sont les deux seuls leviers capables de remuer le monde, et la révolution qui s'accomplit sur les divers points de l'Italie en est la plus évidente de toutes les démonstrations. L'impulsion n'est venue d'aucune propagande extérieure, d'aucune influence politique étrangère; elle est partie de plus haut. Un homme s'est trouvé qui, suscité par la Providence, s'est montré digne de la mission sainte et régénératrice qu'il était appelé à remplir. Cet homme, modeste dans sa vie, nourri dans l'ombre du cloître, sans brigues, sans ambition personnelle, se voit inopinément élevé sur le trône de saint Pierre. De là il promène sa vue autour de lui; chef de la chrétienté, ses regards embrassent l'humanité tout entière, et, comme l'esprit de l'Évangile est dans son cœur, il conçoit le dessein sublime d'en faire une sainte application. Souverain spirituel de toute la catholicité, souverain temporel de Rome et d'une partie de l'Italie, il agit en ces deux qualités sans que l'action du prince de la terre puisse compromettre dans l'avenir les droits du prince spirituel, dont il ne se regarde que comme le dépositaire. Il marche d'un pas prudent mais ferme dans la voie de régénération qu'il s'est ouverte ; il résiste au puissant, il accueille le faible ; d'une main il sépare l'ivraie du bon grain, de l'autre il épanche le trésor de ses indulgences et se plaît à en couvrir l'erreur. Des conversions religieuses s'accomplissent, nombreuses et non sollicitées, parce que, à sa voix, les sectes dissidentes cessent d'être en proie à la persécution. La population de Rome, redevenue un peuple, l'adopte avec enthousiasme et lui décerne en quelque sorte les honneurs d'une seconde élection, comme au temps des premiers siècles de l'Eglise, où le peuple de Rome élisait les papes par acclamation.

Cependant, ayant distrait les droits du souverain pontificat des droits temporels du souverain de Rome, c'est en agissant à ce dernier titre qu'il appelle des laïques aux fonctions gouvernementales et administratives exclusivement dévolues par ses prédécesseurs à des cardinaux et à des prélats. Dans ses négociations directes avec les puissances de l'Europe regardées comme les plus formidables, il agit avec une fermeté qui ne se rebutte devant aucun obstacle ; l'opinion du monde est pour lui, et son influence morale est si grande, que l'Angleterre, qui depuis le grand schisme du règne de Henri VIII était restée sans communications politiques officielles avec la cour de Rome, entraînée aujourd'hui par l'ascendant libéral de Pie IX, témoigne dans son parlement le désir et l'intention de faire échange d'ambassadeurs avec le saint-siége. Pendant ce temps-là, l'Autriche, puissance catholique, ne craignait pas de menacer le domaine de saint Pierre, et, contre la foi des traités, dirigeait des tentatives d'occupations territoriales dans les Marches. Faut-il s'étonner d'après cela que l'Italie entière se soit émue en faveur du pape contre une puissance odieuse et tyrannique.

Telle fut en effet l'origine des mécontentements et des troubles qui agitèrent l'Italie, et qui, de proche en proche, auront amené son affranchissement. Dieu bénit les saintes entreprises et châtie la mauvaise foi, et l'on peut juger si le châtiment s'est fait attendre à l'endroit du dernier gouvernement de la France, qui dans toutes ces affaires se montra Autrichien de cœur, sans oser toutefois desservir la cause de Rome, devenue celle de l'humanité, autrement que par ses tortuosités accoutumées. Et dans la révolution qui renversa ce dernier gouvernement, révolution si dissemblable de celle qui, il y a un demi-siècle passé, profana les temples, brisa les autels et dispersa le clergé, qui pourrait ne pas faire remonter à l'influence morale du souverain de Rome et du chef de l'Eglise le respect sacré dont toutes les choses saintes ont été l'objet ? Et comment, après tout, la démocratie pourrait-elle se montrer irréligieuse, puisque l'affranchissement des peuples, et la liberté sacramentelle de l'homme furent les œuvres du christianisme ?

Maintenant Rome a reçu une constitution des mains de son souverain ; maintenant, aussi, l'Italie entière voit un père commun dans le père des fidèles ; elle a incessamment les yeux tournés vers lui ; il domine toutes les pensées, et il suffit de regarder les pièces officielles, les bulletins, les proclamations des vainqueurs de Milan, du roi de Sardaigne, pour reconnaître qu'après Dieu c'est à Pie IX que tous font hommage de leurs triomphes, qu'ils invoquent sa sauvegarde pour en obtenir de nouveaux dans *la guerre sainte* entreprise pour purger la patrie italienne de la présence des Autrichiens.

Voulant présenter dans un espace excessivement borné un tableau fidèle de la grande révolution, réellement régénératrice, dont l'Italie vient d'être et est encore le théâtre sur quelques points ; reconnaissant en même temps l'impossibilité d'être partout à la fois sur ce sol mouvant qu'agite un même esprit de liberté individuelle et d'indépen-

dance nationale, il nous a fallu choisir entre la tâche facile
de recueillir çà et là quelques faits, qui toujours se ressem-
blent plus ou moins par l'héroïsme du citoyen aspirant à
la liberté et la barbarie d'une soldatesque effrénée ; ou bien
nous résoudre à montrer la révolution dans ses causes, dans
son esprit, dans ses résultats déjà acquis ou plus que pro-
bables. C'est vers ce second parti que nous avons penché,
sans savoir si nous avons bien ou mal fait. Nous consacre-
rons cependant le peu d'espace qui nous reste à donner une
espèce de bulletin de l'état actuel des choses, là où l'ordre
est encore le plus grièvement compromis, c'est-à-dire dans
le royaume de Naples et en Lombardie ; ce sera, toutefois,
après avoir fait ressortir, comme un fait immense, con-
cluant, ce que l'on pourrait appeler *la moralité* de toutes
les révolutions dont l'Europe a été témoin depuis moins de
deux mois ; c'est à savoir que les événements de Paris, de
Vienne, de Berlin et de Milan ont démontré que, quand la
lutte est une fois engagée entre les habitants d'une capitale
et les mercenaires du pouvoir, elle peut être longue, terri-
ble, sanglante, mais que l'issue n'en est pas douteuse.
Puisse cette expérience, quatre fois renouvelée, en si peu
de temps, enseigner enfin aux chefs de tous les Etats combien, dans leur intérêt même, il leur importe d'y regarder
à deux fois avant de déchaîner contre le peuple les troupes
soldées, exclusivement destinées à la défense du pays et
qu'ils tendent à déshonorer en leur faisant verser le sang
de leurs concitoyens.

Lorsque deux royaumes relèvent du même sceptre, il est
presque impossible que l'un des deux ne soit pas, en cer-
taines circonstances, sacrifié à l'autre ; de là des jalousies,
des inimitiés que les peuples se transmettent avec le sang ;
de là des rixes, des combats meurtriers ou bien des révoltes
incessamment renouvelées dans l'un des deux royaumes
pour secouer le joug et reconquérir son indépendance. Sous
ce rapport la position de l'Irlande vis-à-vis de l'Angleterre

présente une frappante analogie avec la position de la Sicile
vis-à-vis de Naples. L'histoire de la Sicile résume à elle
seule la longue série de tous les malheurs qui peuvent ac-
cabler un peuple ; elle a expérimenté à toutes les époques
combien, dans ce monde de compensations, il faut souvent
payer cher la trop grande générosité du sol, la trop splen-
dide magnificence du climat. La Sicile surtout a été constamment le domaine de la victoire. Demeurée fidèle à ses
maîtres pendant l'occupation de Naples par Murat, elle en
a été royalement récompensée en se voyant en toute occa-
sion sacrifiée aux Etats de terre ferme du roi de Naples.
Dans ces derniers temps elle a réclamé, on lui a répondu
par des refus dédaigneux ; elle a insisté dans ses justes ré-
clamations, on lui a répliqué par des persécutions, par
l'emprisonnement et le meurtre de ses citoyens, par le
bombardement et l'incendie de ses belles cités, et tandis
que Messine faisait une défense héroïque contre l'acharne-
ment de ses dominateurs, la révolte succédait à la révolte
dans le sein même de la ville de Naples, pour obtenir des
simulacres de changement dans le gouvernement par des
changements de ministres, toujours contraints, quelles que
fussent leurs bonnes dispositions personnelles, d'en revenir
aux errements d'un prince dont on pourrait dire que la mauvaise foi se retrouverait dans son cœur si elle était exilée de
la terre, exil qui ne serait d'ailleurs qu'une supposition.

Cependant, après tant de malheurs en pure perte, après
une longue série de négociations, on paraissait arrivé à un
arrangement. La Sicile obtenait une constitution particu-
lière. Le titre de roi des Deux-Siciles serait le seul que
prendrait le souverain des deux royaumes. La Sicile serait
gouvernée par un vice-roi toujours choisi parmi les Siciliens, à moins qu'il ne fût un membre de la famille royale.
Ce vice-roi serait irrévocablement investi d'un entier *alter
ego*, entouré de tous les droits que la constitution donne au
pouvoir exécutif et de toutes les garanties nécessaires.

Telles étaient du moins les principales clauses de l'*ultimatum*
des Siciliens, mais avant que l'on ait pu même savoir si cet
ultimatum était accepté, les Siciliens avaient déchiré les
conditions qu'eux-mêmes ils avaient proposées, ce que l'on
doit d'ailleurs attribuer en partie aux éternels retardements
du cabinet de Naples, qui perdit tout une semaine sans ré-
pondre à des propositions antérieures, que, aujourd'hui, il
regrette cruellement de n'avoir point acceptées. Il ne faut
point d'ailleurs perdre de vue que toutes ces négociations
se passent sous l'influence immédiate de l'Angleterre, représentée par lord Minto, ce qui permet de craindre qu'il
n'en résulte rien de bon. Quant à présent, sauf de nouvelles
éventualités, la guerre civile a recommencé à Messine; la
Sicile est, de fait, disjointe du royaume de Naples, mais
comme cette disjonction a eu jusqu'ici pour effet d'isoler
la Sicile de la grande agrégation des Etats italiens, isole-
ment qu'elle doit aux intrigues du cabinet napolitain, il y
aurait une grande imprudence à regarder son état actuel
comme un état normal et définitif.

Pendant que ces choses se passaient dans le sud de l'Italie,
où tout semble provisoire, Venise se déclarait en république
à la suite d'un de ces jeux de la fortune, d'un de ces faits ac-
cidentels qui jouent un si grand rôle dans l'histoire des
nations.

A la nouvelle de la délivrance de Milan par le sublime
effort de ses citoyens, Venise sentit redoubler l'indignation
avec laquelle elle supportait la domination autrichienne,
mais sans savoir prendre un parti, soit en se reconstituant
comme par le passé en Etat indépendant, soit en liant sa
fortune à celle de la Lombardie actuellement soutenue par
les armées piémontaises commandées par Charles-Albert en
personne.

Voici donc ce qui arriva et comment, le 22 mars, un citoyen de Venise qui s'est constamment fait remarquer par
son patriotisme, Daniel Manin, a fait proclamer la répu-

blique. Ce nom d'ailleurs présente un singulier rapprochement : un patricien nommé Manin fut le dernier doge de la république de Venise, et c'est un homme du peuple du nom de Manin qui la reconstitue aujourd'hui.

On découvrit dans une maison une grande quantité de matières combustibles. On sut bientôt qu'il s'agissait d'un complot ayant pour chef un homme exécré à Venise, Mariowich, colonel de la marine. Lorsque Mariowich entra dans l'arsenal il fut immédiatement saisi et tué par les marins. Ceux-ci autorisèrent la garde civique à entrer dans l'arsenal; on se rendit à la corvette où fut arboré le drapeau tricolore. Manin, s'étant alors assuré de la coopération des grenadiers, se rendit au palais des gouvernants Palfy et Zichy; il les engagea à laisser relever par des grenadiers les postes occupés par des Croates. A l'une des fenêtres du palais royal parut Sebregondi, vice-président de l'ex-gouvernement; il annonça qu'il renonçait au pouvoir; que le comte Palfy, gouverneur démissionnaire, se mettait ainsi que sa famille sous la protection de la garde civique. Après lui avoir juré qu'elle le prenait sous sa protection, la garde civique alla faire bénir ses drapeaux par le patriarche. Tout le monde s'agenouilla pendant cette auguste cérémonie et les drapeaux bénis furent triomphalement portés et déposés dans l'église de Saint-Marc.

Ainsi, sans autre événement que la mort tragique d'un conspirateur, les échos des vieilles lagunes, après une interruption de cinquante ans, ont pu répéter ce mot de république dont elles avaient retenti pendant tant de siècles.

Malheureusement, ce n'est pas ainsi ni en aussi peu de temps que les choses s'étaient passées à Milan où l'héroïsme du peuple ne peut être comparé qu'à celui du peuple de Paris, si même il ne l'a pas surpassé, tant furent grands les obstacles et les périls que les Milanais eurent à surmonter et endurer avec si peu de ressources pour en triompher. Et combien d'horribles vexations n'avaient pas soufferts cette héroïque population de Milan avant d'en venir à la dernière extrémité! Quelle longue résignation et quelle constance à protester pendant des mois entiers contre les raffinements d'un pouvoir tyrannique et tracassier! Que de privations toutes les classes des habitants de Milan ne s'imposèrent-elles pas, pour procéder d'abord au moyen d'une opposition pacifique, qui, en diminuant les revenus du fisc, punissait l'avidité des exacteurs des deniers publics! Vengeance digne et noble dans sa persévérante unanimité, mais qui, au lieu d'éclairer les dominateurs de Milan, ne fit que les irriter dans leur démoniaque fureur. Enfin, armé de ces seuls moyens de défense que fabrique le désespoir, le peuple résista à ses tyrans; la lutte fut longue, acharnée, meurtrière; cinq jours durant, exposés au feu de la mousqueterie et de la mitraille, assiégés dans leur ville, sans communication avec le dehors, les malheureux Milanais triomphèrent miraculeusement d'ennemis qu'aucun crime ne fit reculer dans l'assouvissement de leur rage devenue inutile; des femmes égorgées, des enfants mutilés et portés à la pointe des baïonnettes, tels furent les sanglants trophées qui signalèrent le départ des Croates, de ces dignes satellites de Radetzki.

Cependant le tocsin de Dieu a sonné dans toutes les villes, dans toutes les campagnes de la haute Italie; à Turin, à Gênes, à Pavie, à Vérone, partout le bruit en a retenti dans tous les cœurs; des soldats sortent du sol et brûlent de combattre sous les drapeaux de la guerre sainte. A la tête de ses braves Piémontais que Napoléon estimait, après les Bretons, les meilleurs soldats de son armée, le roi Charles-Albert s'est déclaré l'allié des Lombards qui voulaient se donner à lui; les vœux du monde et les bénédictions du saint-siége accompagnent les nouveaux croisés de l'indépendance et de la liberté. Dieu leur soit en aide!

EN VENTE CHEZ LES MÊMES ÉDITEURS.

Révolution de 1848. In-8°. . . . . 1 »

Révolution de Berlin. In-8°. . . . . » 25

Révolution de Vienne. In-8°. . . . . » 25

Révolution de Pologne. In-8°. . . . . » 25

Révolution d'Italie. In-8°. . . . . » 25

Révolution de Madrid. In-8°. . . . . » 25

République d'Andorre. In-8°. . . . . » 25

République de Saint-Marin. In-8°. . . . . » 25

République de Platon. In-8°. . . . . » 25

Le Peuple souverain. In-8°. Orné du portrait de La-
    martine. . . . . » 50
    Avec les portraits des membres du gouvernement provisoire,
      25 centimes en sus chaque portrait.

Politique d'Aristote. In-8°. . . . . » 25

César aux élections, ou le Suffrage universel. In-8°. . . » 25

Mirabeau à la Constituante. In-8°. . . . . » 25

Les Barricades. In-8°. . . . . » 25
    Avec dessin représentant la barricade du faubourg Mont-
      martre le 24 février 1848. . . . . » 50

Le Peuple en action. In-8°. . . . . » 25
    Avec un dessin représentant la prise du Château-d'Eau, le
      24 février 1848. . . . . » 50

Jésus-Christ! Liberté, égalité, fraternité. . . . . » 25
    Orné de la sainte face. . . . . » 50

Pie IX, régénérateur du monde. . . . . » 25
    Orné de son portrait. . . . . » 50

L'Arbre de la liberté. In-8°. . . . . » 25

Chants nationaux et patriotiques. . . . . » 25
    Ornés du portrait de Béranger. . . . . » 50

Poésies nationales et républicaines. . . . . » 25
    Ornées du portrait de Lamartine. . . . . » 50

www.ingramcontent.com/pod-product-compliance
Lightning Source LLC
LaVergne TN
LVHW010836180726
843502LV00009B/3596